JN410471

청소부 나라의 별

구판우 시집

문학의전당 시인선
373

청소부 나라의 별

구판우 시집

문학의전당

시인의 말

오, 빵빵한 가을이에요.

다시는 이스트 빵으로 돌아오지 말자.

2023년 11월

구판우

차례

제2부

제3부

제4부

제1부

비둘기 아파트

볕 좋은 처마 아래
꾸벅이는 비둘기

문 여닫는 소리에 화들짝 날갯짓
구구구, 저도 모르게 큰 실례 하나 보다

그물 두른 발코니에
날개 걸려 바둥댄다

사고뭉치 자식놈 족쇄 되어 살건만
고까짓 새똥 몇 점으로 철창 만든 주인네
이름값 못하는 비둘기 아파트

따가운 이웃 시선에 골바람 부산하고
입주민 돌아앉은 인심,
층층들이 금 핀다

모자이크

꽃이 없는 정원을 상상해 보셔요
저마다 밤잠을 설쳤을 텐데

구름이 햇살을 가리는 것은
꽃에 대한 예의가 아니죠
꽃을 흔들려는 어깃장에 지나지 않습니다

추상화에 흠뻑 취한 연못도
여우비로 간간이 깨워주거든요

햇살이 구름을 등진다는 건
신에 대한 일종의 투정입니다

민들레 홀씨 밤하늘에 총총히 박히고
절벽으로 곤두박질치는 건
꽃에 대한 마지막 연민 같은 것인가요

현실을 부정하는 수식어도

무늬만 꽃으로 시들겠지만
꽃을 대하는 신사의 품격은 흐트러져선 안 돼요

구름의 짓궂은 장난에도 불구하고
동네 어귀마다
꽃은 두루두루 다시 피어날걸요

취하다

시밖에 모르는
노시인이 까만 비닐봉지를 건네주었다
비파 꽃차라 그런다
직접 말렸다며 햇살이 가득 찼고
시인의 말에서 바닷바람이 묻어 나왔다

차향에 취한다는 말,
움켜쥔 손으로 그놈의 진가가 그대로 전달되었다

욕지도의 해풍 맞고 자라서
열매로 노랗게 익어야 할 놈들이
전설 묵힌 꽃차로 반짝하고 등장했으니
무엇과 비교할까 그 풍미가 으뜸이었다

어린 손주 과잣값 보탤 요량으로
이웃집 비탈진 언덕에 모종으로 심었는데
땅을 쓴다고 하여 주인 키만 한 놈 안 남기고 뿌리째 뽑아 놓았단다

시인의 가슴 절반과
결딴난 비파 절반이 타들어 가
덖은 꽃차일진대
내게 꽃향기가 난다고 했다

얼굴 드러내는 곳마다
내게 놈이 따라다닌다고 했다

놈에게 취하기보다
놈을 취하지 못해 볼 낯 없는 노익장이 해안의 토사처럼 무너져 내렸다

아기별로 돌아가서 장미꽃 곁을 지킬지라도

지구별을 떠날 때는 별나라에서 날아온 것처럼 한 치 오차 없는 새들의 경로로 날았어야 했다

발목께에 그저 노란빛이 반짝거렸다는 사실
물증 하나 가지고선 결론 내리기는 뭐하지만 숱한 고민의 나날들로 심정을 굳히고 말았다

'어린 왕자는 죽었다'
딱히 무리수를 둬서라도 쓰러지는 까닭을 밝히면 열기구 말고도 뱀을 선택한 동기가 매우 불순하다

외톨 콤플렉스의 오래오래 고독감 때문인 줄 모르지 왜 있잖아, 두 번째 별의 허풍쟁이같이 왕자라고 저도 모르게 으스대며 젠체했을 수도

뱀은 교활했다
사막의 동식물들은 모두 치명적이다 누구 하나도 비껴가질 못한다 어린 왕자도 예외는 아니다

무장 돌아오지 않는 사자를 기다리는 건 모래사막에서 오아시스를 그리는 짓이나 마찬가지지
한 번쯤 신기루에 홀린 순례자라면 크게 와 닿겠지

어린 왕자를 목이 빠지게 기다리고
지구의 귀환을 자신하는 눈살 찌푸리는 언동으로 인해 시인의 추리 정도로만 단정해 버리거든
어느 언덕에 잠들어 있는 노란 뱀을 불러내거나
머리 위의 아기별을 찾아서 그 지점을 가늠할 수도

붉은 새의 군무만 저녁 하늘을 덮고 있었다

꽃의 성향 2

자태 그대로는 뽐낼 수 없는 것이 꽃이다
재촉하여 피어나는 꽃이 아니라는 것이다

환호 속에 피고 지는 꽃으로 타고난 운명인데
혼자서 피고 혼자 지는 꽃은 얼마나 외로운가

입을 꽉 깨물고 숨 참다가
노크할 때야 비로소 벙근다

벙근다는 말은
꿈틀대고 있다는 말이다, 참 어울린다는 말이다

봉긋한 가슴으로 두근두근 두근거리다가
콩닥콩닥 뛰다가도
몽땅 내어줄 만큼 한방 빵 터뜨려 주기 때문이다

향기로운 꽃이라기보다 노크하는 사람이 향긋한 것이다
거침없는 착한 감탄사 확 뱉어내기 때문이다

바라보다가 갈라치기라도 하는 날엔
그새를 못 참아 풀이 죽고
고개 떨구며 한 편의 정물화가 되고 마는데

철 따라 바람 따라 알아서 꽃 피우는 줄 알겠지만
어쩔 줄 몰라 마음만 졸이다가
꽃의 미학에 진심인 사람으로 하여
피우지 못한 마른자리마다 이슬로도 박히는 것이다

세븐헤어

미용계의 평은 어떨지 몰라도
고객 만족도만큼은 '엄지척'
연중무휴 이발사 K는 딸 시집가는 날 빼고는
문 닫는 날을 몰랐다

하객 없이 혼례 치렀다는데
그 누구도 짐 지울 순 없어!
하루에도 열댓 번 바닥을 쓰는 그만의 개똥철학이랄까

주변에 미용실이 줄을 잇는데도
점심 거르는 날이 많은 건
그 집이 한산할 거라는 손님의 약삭빠른 속셈에서 비롯된 것이다

어깨 누르는 무게로 비로소 마침표 찍지만
출입구로 고개 돌리는 직업병에 자리 못 뜨고
골목의 소슬바람으로
폐점 시간을 읽는 이발사,

시계추는 재빠르게 흔들렸다 멈추기도 해

뒤늦게 손주 본 할아버지는
졸다가도 벌떡 일어나 검정 가운 치켜든다

굿바이 미스터 김 2

구판우 씨? 구판우 씨!

마지막 인사를 나눈 지 20여 년
꽤 오랜 시간이 흘러서 까맣게 잊고 지냈는데
여느 때처럼 큰놈 이름 부르듯 불러댔다
화상 통화로 말이다
반가움이야 이루 말할 수 없지만
마냥 반가울 순 없었다

안부 인사 같은데
허공으로 치닫는 유탄처럼 발음이 새어나가고
제 딴에는 반듯한 말이라지만
안간힘을 쓰는 안쓰러움 더해
이름 말고는 한 토막 추려 듣지 못했다

그대로 권좌 지키며 평생 살 줄로 알았는데
병상에 그렇게 나동그라져서
Bye Bye 손까지 흔들며 건강히 지내라고

평소 같지 않은 생경한 뒷모습
흔들리는 모습 보여주는 것도 서슴지 않았다

통화음이 끊어지기까지
예… 예… 예…
그 어떤 초능력도 보여줄 수가 없었다

＊2022. 12. 12. 영면에 들다.

예수의 눈물

— 이 땅의 목자에게

광야에서 외치는 당신의 뒷모습은 목자
길 잃은 양을 찾아 나서는 주인이거니

숨 탁 멎는
부자간의 검지와 검지 사이의 긴 척력(斥力)
따가운 시선에 끈적거리는 원망
아니다 아니다
아늑한 눈빛이다

한 점 덥석 찍어 바르는 대속(代贖)의 죄
차디찬 입술에 거칠어지는 욕설
아니다 아니다
보드란 음성이다

당신을 십자가 형상으로 바라보기가 겸연쩍은 목자
어린 양을 자신과 맞바꾸는 피눈물일 줄은

어느 뉘의 얼굴에서 예수의 눈물을 읽는다

새의 자유

둥지를 트는 건 순전히 새의 자유
날개 돋우며 주위를 맴도는 것도 자유
자유를 좇아서 비행하는 것도 자유

둥지는 그저 하늘의 조각,
단조로운 일상의 단면을 지우고
졸렬한 핑계를 털어내기 위하여
날갯짓은 한낱 자기들의 체면에 지나지 않지

가지에 깃드는 일이 익숙한 것은
이파리들이 둥지를 에워싸기 때문이지

새 둥지에 그늘을 입혀놓은 것이 딱 들어맞았어
새들의 동태마저 모조리 새어버리거든

창공을 잠식하며 하늘을 긁는 자유
까맣게 창공에 꽂힌 새의 자유
울근불근 힘 겨뤘던 팔뚝이 하늘을 잠재웠어

낙타를 쓰다

땅거미를 살라 먹는 가시선인장의 핏물로 되새김질하며
사막의 달을 톡 뱉어내다

달빛의 먼 그림자
도깨비불 뚫고
바람으로 휘둘리는 검은 능선을 넘는 순례자는
경주를 마친 오지의 레이서처럼 무너지다

주저앉지 않아도 배낭의 무게에 무릎 꿇리고
눈 끔뻑이며 모래 구릉에 코 박은 채
순례자는 누란의 미라로 굳어가다

종려나무 그늘에서 더운 숨 헐떡이며
푸른 피 토해내고
땀으로 흠뻑 젖은 태양이 다시 깨어나기까지

휘몰이판 돌개바람이 유성우 꼬리에 눌리기 전
지열에 가위눌린 몸뚱이 일으키고

순례자는 잃은 영혼까지 툴툴 털고서
갈대숲을 스치듯 성운을 따라 또 걷다

지나온 발자국마다
흔적으로 남지 않는 자서전이 되어 스러지다

어린 왕자의 귀환

1.

조난 비행사가 만들어 준 상자는
참말 양의 우리였을까
문제는 벌레 한 마리 들어가 있었다는

급한 대로 나비라 부를게
꿀을 찾아 헤매다 장미를 유혹하기에 이르고
별의 전쟁이 선포되었다

어린 왕자는 즉각 동원 명령을 내렸어
해가 중천인데도 장미는 침대만 줄곧 지켰고
활화산을 깨우려니 장작을 패야 해
이리 뛰고 저리 뛰어도 혼자는 무리야
그림자는 또 왜 저렇게 느리게 뒤따라오는 줄 몰라

어린 왕자는 철새 떼를 부르고 말았다

2.

군중들은 하나같이 대합실로 모여들었다
이유를 알 순 없지만, 그래야 순조로울 것 같으니까
급행열차는 시간을 지체하며 연착하는데
사막여우는 끝내 나타나지 않았어

3.
긴긴 여행으로 허기를 느낄 만도 해
왕자의 체통을 지켜야 했으므로
연미복으로 바꿔 입고는
긴장한 얼굴을 뒤로 감추고 만찬을 즐겼었지
거리의 행렬마다 승전고가 울려 퍼졌다

전쟁은 멈추어줘, 여긴 신의 땅이잖아

4.
꿀랑꿀랑
이처럼 우스꽝스럽긴 처음이야

삼류 작가는 삼류 소설을 쓴다

그 집에 암막 커튼을 달아야 한대서

벨을 눌렀는데 인기척이 없다
다시 길게 벨을 눌렀다
상기된 채 사내가 불쑥 튀어나왔다
눈 맞춤은커녕
배웅도 비껴갔다
아마 퇴근 시간 무렵이었던가

화장선이 살짝 굵은 여자
마스크로 얼굴을 가렸는데
그림자 대하듯 나는 안중에도 없었다

집안 구석구석 헤집고 다녀도
소파에 등 기대고 앉아서
요란스러운 전화도 외면하고는
치와와와 함께

여자가 실내 공기를 다 삼켰는지 모르지만
숨이 막히고
커튼 주름을 잡는 둥 마는 둥
부리나케 현관문을 빠져나왔다

가슴을 쓸어내리고 큰 호흡을 하고 나서야
엘리베이터를 올라탈 수 있었다

‘흠’이 ‘훼’로 들리는 까닭

하역작업은 선택의 여지가 따로 없다
아르바이트일 수밖에 없는 유일한 하역작업
아침 2시간에 생활의 전부가 걸린 사내
업체 차량을 저장했다 제 화물을 골라 거뜬히 실어 나르는 사내
연신 ‘흠, 흠’ 거리는 사내,
불만 때문에 항변하는 행동이 아니라는 걸 고객이라면 단번에 알아차린다
사내는 틱 장애를 지녔다
누가 보거나 말거나 자신이 원치 않는 흠을 지녔다
실내라는 공간은 감당할 수가 없어서
3개월 단기간의 계약 꼬리표가 따라붙긴 해도
돌고 돌아서 하역작업장으로 이끌려 왔다
힘이 장사라서 하역작업 하는 것이 아니다
내키지 않아도 번쩍하고 힘깨나 써야 하고
힘에 부치면 저 스스로 떠나야 한다
마음이라도 편하니 억지로 견뎌내고
몸이라도 성하니 무조건 버텨내는 것이다

매초 꿈틀대며 반응하는 탁성으로
기합 소리처럼 힘을 모아서 짐 옮기는 것이다
사내가 틱 장애가 있건 말건
고객들은 대개 신경 쓰지 않거나 별스레 관심 두지 않는데
흠을 잡자면 흠으로 작용할 수도 있어서
고객을 대하는 사장의 체면이 무너지기도 하겠기에
그것이 사장으로서는 불편하기 이를 데 없다
사내는 3개월 마(魔)의 벽을 허물지 못하고
결국 희망의 끈을 놓치고 말았다

칸나

칸나는 이름값을 더하며 우레와 같은 칼을 뽑았다

눈과 눈이 마주치면 눈초릴 내리깔지만
칼과 칼이 부딪치면 불꽃이 튀는 법

숙명적으로 둘 중 하나 무릎을 꿇는다
맨 먼저 무대를 차지하지 못할지언정

꿇을 줄 알기에 돌풍이 거세면 부러질 것도 안다

힘에 밀리는 몸은 키스를 부르고
입술이 스칠수록 영혼이 흔들리지만
광야로 나뒹굴지 않기 위해 현란한 칼춤을 추는 것

눈살과 눈살이 꽂히는 찰나
숨 막히는 당신의 호흡
옴짝달싹 않는 몸짓을 제어할 수가 없다

눈물을 삼키고 고개 떨구기도 하지만
대중의 시선을 의식하지 않으면
당당하고 건재한 것이 이 바닥,

칼날이 수없이 허공을 가르며
불꽃으로 분연히 타오르는 칸(khan)·나[我]

반려자

함부로 발설해선 안 되는 금기어인데

예순에 이르러서 짐이 힘겨웠노라고
이성 친구 만나는 걸 동의했다

헤벌쭉거린다고 그렇게 좋으냐고도 했다

변명거리가 없지 않다는 걸
시인이라서 모르는 척 외면하고 싶지는 않다

사랑 시 한 편 남기려는 처방전이란 것,
그 짓도 유효기간이 있음을 어찌 모르는가

달밤이 무서워 바들바들 떨고
혼자서 할 줄 아는 게 일도 없는

빛바랜 무명 시집이 되어간다

제2부

회고록
—생각하는 갈대

인기척에 놀라
연못으로 폴짝 뛰어든 개구리
동심원을 그리는 오후

별 하나
하얀 보자기에 떨어졌다

영광이 꽃 하나만큼 훌륭하지 못하고
헛되고 헛되다는 말,
그것은 솔로몬 자신의 인생관이라

명제가 틀렸다

마침표 대신 물음표 찍혔다

아담의 소환

그래서 하는 말입니다
흙은 흙이어야 한다는 본연의 사실을 깡그리 잊고서
당신의 형상으로 황토 주무르듯 당신을 빚고
참 좋았더라는 말로
생명을 유린하는 까닭은

죽음을 정복하기 위해 무수히 물어뜯으며
무던히도 당신을 괴롭혔던 세월, 쉽지 않았을 텐데
목젖에 걸린 선악과를 빌미로
인간으로부터 신의 마당에 막아서는 데 있어서
얼굴 씻고 싶은 낯 뜨거운 당신

부자유스러운 몸으로도 별을 찾아 헤매고
순풍으로도 꽃봉오리의 모가지 꺾이고 말 때
당신이 참 미워집니다
당신을 방어하는 마지노선이 병마입니까
신의 아킬레스건이 맞나요

가장 이성적이면서 순종을 쫓아가는 인간
가장 헌신적이면서 천세를 누려야 하는 당신의 자녀들이
무릎 꿇고 맹신을 요구하면서 신체는 난도질당하고
동족 간 원수가 되어 너나 나나 짓밟히는데
혼자 마음 달래라는 말이라도 나, 괜찮습니다

저 스스로 무너지건만 세상을 발칵 뒤집는 놈이나
타의에 의하여 우주로부터 사라지는 놈,
피 토하며 하늘 우러르는 자녀들과 제발 맞바꿔 주세요

신(神)은 신(信)을 떠나지 말아요
신(信)은 신(神)을 떠나지 않아요
병마에 맞서 대항할 힘을 주어요
아담을 지었다기에 하는 말입니다

그래서 하는 말입니다
우리 몸을 생명으로 불어넣어 준 만큼 멋진 일이 없으니까
요

감당이라는 말

—뒷감당이 안 되는 분은 보지 마셔요

당신께 간섭하고픈 의도는 추호도 없어요
시시비비도 일종의 폭력인걸요
뱃심 없이 쩔쩔매는 녀석이 감당을 어떻게 하려고
곰돌이 핀을 머리에 꽂은 여자가
푸들 껴안고 산책 중이에요

감당이라는 말은
가슴을 미어지게 만드는 먹먹한 아드레날린
일종의 스트레스
지나치게 반응할수록 눈물샘을 자극하는 것

밀고 당기기의 귀재, 애정의 표식으로 구석구석 핥고
예고 없이 그렇게 휭하니 곁을 떠남
감정선과의 기약 없는 늪
망각이란 목줄이 절대 짧지 않아요
기억하세요

삭히면 삭힐수록 곰삭혀지는 법
삭힌다고 하여 돋아날 새살이 아닌데
다시 목줄을 당겨보는 빈손의 시추에이션
몰라도 너무 모른다,
그만큼 호사를 누렸으면 감당할 몫이라도 남겨두는 법인데
상황을 덮을 수 있는 길은 없다
인정하라고 순순히 들을 녀석이 아니라는 걸
「내일은 맑은 후 먹구름」

비매용 아이스 아메리카노 빨대 물고
감당할 수 없는 공허를 허기로 감당하려는
여자가 푸들을 껴안고 맥도날드로 들어가요

—감당이 안 될 텐데 어떻게 하시겠어요

벚꽃

성가시게 군 벌레 탓인가 태풍이 주범이런가 엄동설한을 지낸 듯 수척한 여름 났는데 거리에 낙엽이 채 구르기도 전에 앙상한 겨울나무처럼 탈탈 털리고 말았다 따로 봄을 가르쳐 주지 않아도 필 때와 질 때를 분명히 알고 가슴 탁 트이는 함박웃음 터트려 주었건만 드문드문 꽃망울을 토해냈다 아닌 밤중에 홍두깨도 아니고 초가을에 웬 개화, 춘추화(春秋花)였으면 기다려 보기라도 했을 터 사연을 알아들을 수 없는 문외한으로는 바보 짓거리처럼 참말 엉뚱해 보이지 않을 수 없다 제 몸 태워서 새순을 또다시 틔운다고 하여 홀딱 벗은 나무 꽃을 피우기 위해 신께 투항을 마다하지 않는다는 것 고목이라도 떡잎의 때를 기억한다는 것 투병하는 사람은 어떻게 살아가야 하는지 한 수 배우게 된다

물의 진화론

1

자로 그은 듯 평행선을 이루지 않으면 살아가지 못하는 것이 있다

위아래 없이 수평을 이루어야만 직성이 풀리는데
따로따로 유리창에 달라붙더라도
말릴 수 없는 가벼움으로
방울이 모여서 길을 내고
어떤 장애를 감내하고서라도 한통속이 되고 마는 것

물러터진 곰탱이 같아도 액체라는 공통분모 하나로
살을 섞으며 의외의 끈끈한 동맹을 이루는 것

빗물이 모여서 물길을 내고 시내가 모여서 바다를 이루고
세력화된 구름층으로 하늘을 삼키기도 하는데
옥수수밭에 차가운 눈물로 흩뿌리다가
험상궂게 갈라진 논바닥에 맹공을 퍼붓기도 하는 것

때로 몰인정한 폭탄이 되어
뜻하지 않는 급류로 계곡을 쓸어버리는 참사 없지 않지만
마른 눈물 대신 줄줄 흘려줄 줄 아는 감성적인 존재인 것

2
사람을 홀린다는 이유 하나로
베푸는 연회마다 상습적인 주정꾼으로 낙인찍히고
구설에 오르기도 하는 것이 술이라고는 하나
그 태생은 물에 지나지 않는다

여타의 액체와 근본이 다른 건 없지만
순수 그 자체로써 속물을 벗어나지 못할 바에야
마법에 걸리는 고로 술은 마술에 걸렸다

평화의 수호자로 발효되고 익어야 하지만
나라를 쪼개고 인종을 나누며
여자를 울리는 것이 술이다 술이 심술이다

물 스스로 술일 수 없으나

마술에 걸리고 심술을 부리면 술이 술이고 물이 술이 되는 것이다

갑을

발을 들여놓는 것은
생계를 잇기 위한 눈물 없는 투견장이라는 점
개가 달려들었다
너무 거칠어서 필사적으로 방어하지 않으면 안 되었다
한바탕 싸움을 치르고 와서 그런지 독이 바짝 오른 상황이라 했다
새파란 살기가 도사렸고
파국으로 치달을 거라는 예감이 엄습했는데
말 그대로 검투사였다
생계가 걸린 문제에 대해서는 우리 속도 마다하지 않았다
방어가 최고의 무기이긴 하나,
대항하는 묘수밖에 달리 방법이 없다
둘 중 하나 나가떨어져야만 끝나는 무대여서
대놓고 불리한 상황으로 이끌어가서는 안 되었다
신사다운 면목을 앞세우는 것도 최선이어서
피를 부르는 놈에게 피를 보여선 안 되는 것이다
제아무리 날뛰는 맹견이라지만
그놈도 하룻강아지 시절이 있었을 터

먼저 팔을 뻗는 놈이 지는 싸움이라는 법칙을 저도 안다
기 싸움은 숨이 탁 멎을 정도로 팽팽하여
용접 아크처럼 불티가 튀었고
냉기류가 삽시간에 우리 안에 엄습했다
나야 쓰러지면 동정론이라도 남겠지만
주인이 베푸는 따뜻한 개죽이나 한술 더 뜨는 게
개 팔자라는 생각
어차피 붙어봐야 승산 없는 게임이라는 것
미친개도 그 정도는 돌아가 대가리 내밀다 말고 꼬릴 내리고 만다
불안이 촌극을 달하는 피 말리는 신경전으로 막을 내렸지만
물소의 송곳니가 목덜미에 꽂혀 피폐한 두 주인공
손을 맞잡으며 비즈니스 관계의 갑을로 돌아앉았다

청소부 나라의 별

기묘한 별을 소개하고자 한다 우주에 정원이 딱 3인으로 제한된 소혹성이 있다 우주에 떠도는 쓰레기를 쓸고 치우는 데 바이러스같이 우주에서 기생하는 별이라고 한다 자생적으로 만들어지지 않았으면 존재할 수 없는 별이라고도 한다 다시 말해서 누가 만든 별이 아니다 뇌 구조가 달라서 청소부의 성향이 다르다는 것이 오늘의 논점이지만 셋 중 하나가 하늘나라로 떠나면 어떻게 하느냐 하는 것이 더 큰 관심사이다 (골치 아프니 이 정도로 마무리해야 할까 보다) 무단으로 투기하는 우주인이 그만큼 많다는 말이기도 해서 이웃 별들은 머지않아 쓰레기가 우주를 덮을 거라는 걱정이 이만저만 아니다 은하수가 하늘을 흐르는 것하고는 차원이 다른 이야기이다 개성이 다른 것 때문에 선한 일을 하고도 평가가 좋지 않고 잡음이 끊이지 않는 별로 소문이 나 있다 A 청소부는 쓰레받기를 뉘어놓고는 쓰레받기 내놓으니 투기한다고 말하고 B 청소부는 쓰레받기를 엎어놓고는 되가져갈 것을 버리고 간다고 말하고 C 청소부는 쓰레받기 치워놓고는 어차피 쓸어야 할 걸 어때, 라고 말한다 쓰레받기를 뉘어놓으면 담는 것이 세상도리이고 쓰레받기를 엎어놓으면 투기하는 것이 상례이고 쓰레받기를 치워놓으면 구르는 것이 이치라고 말한다 쓰레받기는 쓰레기를 쓰레기로 받아들이고 쓸어 모으는 일이 자기의 정당한 의무라며 아예 치우든지 바로 뉘어놓으면 문제가 없는데 엎어놓는 것이 말이 되냐고 말한다 자기의 색깔대로 청소부 모두 자기만의 쓰레받기 보관법을 고집하는 것이다 청소부는 청소부를 천직으로 생각하여 평생을 그 별에서 벗어날 수 없을 것이고 우주에 버려진 쓰레기는 우주를 벗어나지 못할 것이고 우주 쓰레기가 우주를 덮게 될 것이다 어린이는 우주여행의 꿈을 영영 꿀 수 없게 될 것이다

소소한 행복

길 가다가 딱 멈추어 서는 건
작은 돌개바람이 일었기 때문인데

귀가 후 서재에서 다시 회오리치고
미소 머금다 말고
바람을 다독다독 다독거린다

산기슭에 옹달샘이 솟고
산새들 드나들며 목 축이는 걸
살짝 훔쳐보노라니

눈물은 메말라도
쉬 눈 붙이지 못하는 신(神)께
다가가서 안길 수 있으리라

새의 흔적

왕왕 새가 되는 꿈 꾸어보기도 하여
모두 나를 새라 부르고
나는 모두 새라 부르고

새가 되어 창공을 차오르는 재미에
까맣게 잊고 사는 게 있었다

사람이 새를 생각하는 만큼이나
새의 생각이 사람과 똑같지 않다는 사실을 깨닫고 마는데

들녘으로부터 덩그러니
허수아비에 당황한 위험신호에
빨간 울음 배인 노을이 되었다

돌아앉아서 꺽꺽 흐느끼는 일이
참 고와지고 있었다

몽돌해변에서 상형문자를 줍다

멀어지지 않기 위해 하루도 빼지 않고 기도하거든
그것보다 동경 어린 애정이 어딨어

뜨거운 포옹으로 껴안아 주길 바랐거든
살을 섞고 뒹굴 수밖에 없는 운명이었잖아

밤낮없이 추근대며 사랑을 확인하지만
변덕스러운 연인이라 불안을 떨칠 수가 없었어

뭍으로 뭍으로 파고들어 거친 피부로 긁어대고
아토피성 하얀 포말로 피부에 스며들며
집채만 한 태풍으로 당신을 몰아붙였을 땐 정말 미안했어

흔들리는 너울로 남모르는 몸살을 앓았고
곱지 않게 뒤척거리며 수없이 토라지는 걸 훔쳐봤지

수억 년의 질긴 공룡도 당신을 놓지 않는 것을 보면
토닥토닥 등을 두드리고 살아가도 우린 나쁘지 않아

몽돌해변에서 상형문자를 새기다

사유를 줍다

겨울꽃

본인의 의사와는 상관없이 인생이 재단되는 경우가 있다

꽃피는 날에 눈도장 하나로 선택받은 꽃은
눈과 발 모두 전지되는 의식을 치르면서까지
그날로 제 주인으로 모실 것을 다짐하고

그렇게 양자로 당신 품에 안겨 온 꽃은
더불어 살아가는 다정한 꿈 꾸었다
선한 영향력을 내뿜으며
살뜰히 살아가도 되나 싶었다

계절이 바뀌며 흔들림 없이 뿌리를 내리는가 싶었다

인생에는 뿌리째 뽑혀 나가는 역경이 따르게 마련이지만
주인을 따라나설 때만 그래도 틀리지 않는 선택이었지만
날씨 탓으로 돌리기엔 시간이 꽤 지났고
집안 그대로 머물러 있었던들 하는 후회가 남지만

마당에서 까맣게 병색이 짙어가는 꽃

비닐하우스 누추한 형편에도
누이들과 얼굴 비비며 한겨울 거뜬히 이겨냈을 텐데

몸 둘 바 모르는 겨울은 죄인이 아니었다

우화

운전은 매뉴얼이기는 하나 초보운전이 거리의 흐름을 끊는다 직진 남자에게 거북이걸음 걷는 차를 뒤따르는 일은 여간한 인내를 요구하는 법, 운전은 물 흐름이라고 배웠다 어른 생각이 났는데 천국엔 잘 계시는 걸까 초보를 밟지 않은 숙련공이 없듯이 초보 시절을 지나오지 않은 운전자는 없을 것이다 마라토너 아니라 문명인이면 걸음마 과정을 거쳤을 터, 초보운전 스티커를 휘장처럼 날리고 골목길을 진입하던 중 알뜰마트 승용차를 살짝 스치고 말았는데 차주는 냉혈 인간을 보지 않아서 그런지 은혜라고는 일 푼어치의 선심도 허락하지 않았다 현대자동차 서비스센터의 도장값을 고스란히 지불하고서야 접촉 사고가 일단락되었다 초보운전의 성적표는 명예스럽지 못한 것이 사실이다 어머니는 골목길 안쪽에 살고 계셨으니, 도리가 없었다 아파트 단지로 이동 주차하고 난 다음에야 커튼이 드리워진 이용원을 찾아가 명절 스트레스를 날렸고 자궁암으로 차주보다 먼저 간 딸의 얼굴을 털어내려 안간힘을 써야 했다

Zero-sum

처음으로 대하는 것이 전부인 어린이집
나무의 푸르름을 고마운 마음으로 깨우친 원아
엄마와의 귀갓길에
불쑥 자라난 생각만큼
어린 딸은 자랑삼아 마른 잎 하나 집어 들었다

집에는 안 가지고 들어갈 거야
집에 들어갈 때까지는 화단에 놓고 가야 해

눈빛 맞추기 무섭게 엄마 같지 않은 차가운 말투에
말문이 딱 막히고
얼어붙은 딸은
제자리에 두려
이러지도 저러지도
쪼그려 앉지도 못한다

후박나무는 바람에 두들겨 맞은 일이 없는데
잎 뚝뚝 떨어트리며 세차게 흔들리고 있었다

정리하는 법

이별은 영화관에서 시작하는 거야
어때, 비련의 영화 같지 않니?

오빠, 나 바나나 우유 사 올게

이별은 예고하지 않고 사라지는 거지

곧장 낯선 스터디카페로 가는 거야
책을 읽는 척할 뿐이지

지금 나 도서관에서 시험공부 중인데
아빠를 안정시키고 전화를 끊는다

SNS에 보기 좋게 차였다고 외친다

벨이 발발이 울릴지 모르니 전화기는 잠시 꺼두고
여행을 떠나 머리를 식히는 것도 좋겠지

또 모르지?
운명의 남자가 나타나 줄지

생각을 바로 고쳐먹고 영화관으로 간다
연애는 영화관에서 시작하는 거야
코미디 영화 같지 않니?

지지리 못난 불쌍한 놈 구제하게 될 줄

나른한 오후

점심 지나고 꽤 이른 시간인데 한 사내가 카페에서 나른한 오후에 빠진다 오후가 졸고 있는 사이 한 사내의 오후를 엿보려고나 하는 듯이 빈자리 하나 비집고 들어가는 사내도 이내 나른한 오후에 빠진다 경주하듯이 사내들은 카페를 드나들지만, 팔짱을 끼고서 생각에 잠겨 있는 사내는 불편하다 물 먹는 하마처럼 나른한 오후를 빨아들이는 사내는 화장실을 가리키다 말고 길옆 카페로 자리를 옮긴다 한 사내의 오후를 엿보려고나 하는 듯이 빈자리 하나 헤집고 들어오는 사내도 이내 무료한 오후에 빠지고 눈을 감고 있는 사내는 불편하다 경주하듯이 사내들은 카페를 드나든다 아메리카노 한 모금 들이켜고 본의 아니게 오후를 훔쳐보는데 오후의 맥락이 매번 다르지 않다 가로수길에는 골판지를 잔뜩 쌓은 노인의 유모차가 숨을 헐떡이고 있다 풀숲에 던져놓은 맨밥 한 덩이로 끼니를 때우는 고양이가 연신 눈치를 본다 한여름에도 겨울 점퍼를 걸치고 천변을 오가는 젊은 처자가 있다는 석간신문의 머리기사가 카페로 재빠르게 타전되고 있다

제3부

남해

남해는 장인어른의 고향이고 동서의 고향이다 또한 도타운 사위의 고향이다 이것이 아내의 체면이자 아내의 배경이다 자랑스럽게 남해를 부르는 아내의 자존심이다 장모는 여장부였다 남해에서 화개장터로 남해에서 여수시장으로 활개 치고 다니는 여장부였다 그 행보로 집안이 일어나고 붓글로 여생을 지낸 시어른 하며 자식 대학까지 보내놓곤 모두 출가시켰다 내리 열둘 손주 두 팔 걷어 씻기며 며느리와 딸 산후조리까지 도맡아 한 몸 사르니 그 이름 무쇠 팔뚝이었다 그 어머니의 그 딸 아니랄까 봐 대학병원 간호사와 초등교사로 딸을 키워낸 뚝심의 아내였다 그 힘의 근원이 어머니의 신앙이고 그 힘의 배경이 남해이다 남해는 참말 기가 세다 남해는 억척이다 죄스러움이 깃든 이향 때문은 아니다 형제들 남해로 귀향하여 고사리 키우며 살자는 처남댁과 더 늙기 전에 귀농을 서두르는 동서가 남녀 주연이다 남해에 빠지는 매력이다 대교라는 관문으로 들어서는 저마다의 가슴에 햇살 꾸러미 쟁여주는 남해, 그 해맑은 아내 앞에서 사내는 못 말리는 철부지 아들이다

장례식장

식구들이 잠시 외출 중이기에 빈집이 가벼울 거라고 가볍게 생각할는지 몰라도 그 집은 의외로 무겁다 이웃집과 다를 바 없는데 무겁다 사내가 집에 머무르는 시간은 냉기를 이기지 못하여 옴츠리고 있다 식구도 예외는 아니다 외부인이 알지 못하는 무거운 집에서 식구들이 묵는다는 자체가 고통스러우나, 집의 기운만큼 어깨를 짓누르게 만드는 무게야말로 가중된 고립감이 아닐 수 없다 하나같이 하늘을 무너뜨리거나 집안 색도를 이기지 못하여 흐느끼는 일이 다반사이다 반나절을 일그러진 표정으로 창밖의 식재된 섬향나무 정원을 뚫어지게 바라보는 일도 이제 부자연스러운 일이 아니다 사내는 내켜 하지 않아도 집으로 돌아가야 하는데 귀가 때마다 안방을 차지하여 멜로디 타는 시폰 커튼이 대개 원망스럽다 미어지고 또 후벼 파고 강을 건너는 구름이 스펀지 물 배듯 사내 몸에 착 감기는 것은 너무나 쓰리다 별거가 별거던가 그 위험한 현장을 직접 목격하지 않아도 집을 드나드는 동안은 몸이 옴츠러들고 무거워지는 법, 사내는 까맣게 탄 감정선을 덜어내기 위해 약간의 감정에 호소하곤 주섬주섬 현관문을 나선다 머리에 땀수건을 두르고 노을에 물든 들판으로 너울처럼 내달리는 것이다 불쑥 나타난 아메리칸 쇼트헤어, 길 한가운데로 폴짝 뛰어들더니 이내 사내의 눈앞에서 눈물을 와락 쏟으며 땅으로 스며드는 것이다

쑥뜸 뜨는 여자

대개는 평생을 뜸 들이며 살아간다
뜸 들인다는 그 말이 사무치게 얄미운 말은 아니다

설익은 것을 제 익혀낼 때
뜸 들인다고 한다
요모조모 재고 뜯어본 뒤에
뜸 들이고 있다고도 한다

뜸 들이는 것은 여자의 사고방식이나 다름이 없다

뜸 들이는 일이 타고난 운명이요
뜸 들이는 일로 일평생 살고
뜸 들이며 뜸 뜨는 일은 어설픈 조합이긴 하지만

뜸 들이는 일로 망가진 여자는
비타민제 한 알 꿀꺽 삼키며
뜸 뜨고 살기로 한 것이다

평생 주부로 살았으면 됐지
맨날 똑같이 살아가라는 법 어딨어
쿠쿠에 떠맡기고 쑥뜸 뜨고 살기로 한 것이다

신(新) 풍속도

딸이 시집가면 생이별이었던 시절이 있었다 넘어지면 닿을 곳이 천릿길처럼 해 넘기기 일쑤였고 마음먹고 반나절 걸으면 이를 곳이 달빛 아래서 눈물 훔치며 엄니 그리워하던 때가 있었다 그런데 휴대전화가 시집살이를 바꿔 놓았다 시집살이 아닌 시집살이로 바꿔버렸다 멀든 가깝든 낮이건 밤이건 딸은 하루 이틀 멀다 하고 제집 드나들듯 하나 식탁에서건 자동차에서건 벤치에서건 산책 중이건 사생활 개의치 않고 육아에 지쳐 있을 거라는 엄마 마음 미치는 순간 딸의 귓가에 전화벨 발신음이 이미 가닿아 있었다 입맛대로 어린 손주 입에 담으며 질겅질겅 씹어대고 언제 울렸던가 모녀는 까르르 함박웃음 터뜨리며 쌓인 하루 날려버리기도 한다 휴대전화는 만종보다 아프고 갓 구운 식빵처럼 찰져서 더없는 의좋은 자매 관계로 둔갑시켜 놓았다

위성류

못가에 꼭꼭 숨어 있어서 따로 숨바꼭질 안 해도 막다른 골목으로 내몰리지 않는다 가슴에는 친절한 이름표를 달았는데 소나무처럼 한글식 이름이 아니다 생김새가 평범하지 않아 도무지 이름만으로는 그려지지 않는다 한중 친교 사절단으로 내한했다가 눌러앉은 귀화 외국인이던가 사연은 분명하지 않지만, 중국 위성이 고향이란다 그 집 뿌리까지 세세히 캐낼 수 없는 형편이나 왕버들과 나란히 물가에 발 뻗고 산다 텃세에 밀리고, 주눅 들어서 그런지 주변 환경에 적응한 탓인지 굽은 등뼈에 키는 멀대, 이파리는 영락없이 수초 모스를 닮았다 아침 저녁이 따로 없는 산책 코스에 오색 분수가 행인의 시선을 빼앗고 무빙보트로 홀릭 되고 말지만, 관심사 밖이다 이방인이라 불려도 괜찮다 부들과 창포, 버드나무 곁이라 용지못이 내 집만 같다

갈치

1

늦바람이 났는지 아내는 외박하는 날이 부쩍 잦아졌다 아침상을 일찍 차려놓고 집을 비우는 날이 많은데 그때마다 한두 가지 반찬이 꼭 더 올라 있었고 그날은 갈치 토막 서너 점이 접시에 가지런히 놓였다 이놈은 도대체 꼬리가 몇이야 투덜거리며 어떻게 갈치만도 못한 신세가 되었나 싶은 게 울화가 치밀었지만, 덤으로 올라온 반찬이라서 그렇지 않아? 마음 고쳐먹고는 한술 뜨니 꼬리마저 맛나고 아내가 무지 고마울 수가 없다

2

노환으로 투병 중인 처부모께 가져다 바칠 공양물을 바리바리 싸 들고 나서는 갈치 토막처럼 야윈 아내의 뒷모습이 안쓰럽다 안주인이 집을 비운 사실을 금방 알아차리는 살림들이 자유를 만끽하기 시작한다 나잇값 해야 한다는 소리 들으려면 갈치처럼 곧추서서 (갈치가 장어처럼 유영한다고 생각하면 큰 오산이다) 저들을 다스려야 한다 방 청소하고 빨래하고 설거지하며 집안을 잘 보전해야 한다 그런데 내 몸이 먼저 방바닥

을 찾는다

3
아파트가 떠나가도록 홀로 청산가를 읊는다

진심을 알아보다

주인의 마음을 이제야 알아봤다
반려견이 되어도 좋았다
시시때때로 주인의 손동작에 눈살을 꽂고는
저놈은 머리에 똥만 차 있나 싶었을 텐데
배가 주려서가 아니었다
진심 그 자체,
저를 안아주고 주인과 수시로 교감에 빠지는 것
참다운 가치로 살아가기 때문이다

강아지처럼
진심을 알아차렸을 때는 자존심 전부를 내팽개쳐도 나쁘지 않다
자존심은 구겨지라고 존재하는 거고,
그 자체로는 훼손될 수 없다는 것을

암 투병 중인
당신이 참말 행복할 수 있었으면
그럴 수 있었으면

어떤 반려견이고 되고 싶다

굽실굽실

고개를 여남은 번 더 조아리더라도

산성에나 가자

오롯이 병상이 전부인 여자
꼬챙이 다리 힘이 풀려서
요양보호사의 다리 없이는 한 발짝을 뗄 수가 없다

유채꽃이 강 건너 샛노랗게 피고
봄 햇살을 단 하루도 들이지 않는 날 없었는데
달빛 같은 형광등만 차갑게 덮었다

무료한 첨탑에도 새 들 날 있잖는가
떨거지로 문안 들며 눈인사밖에는 줄 게 없다

허기를 달래줄 의식조차 무뎌져
눈빛 깔며 깨달음을 통(通)한 싯다르타의 새벽녘처럼
여자는 사로잡에 잡히고도

*산·성·에·나·가·자**

대화는 주절주절 무르익지 않아도

유달리 손이 컸던 당신,
맛난 성정을 만날 수 있다

---

*금정산성을 가리키는 말로써 산성마을 금성동은 맛집이 많다.

처음 사랑*

미련하다고는 하나
머슴아이의 억척같은 순박함으로
석수(石手)가 되어 돌을 캐고
눈 감아도 채석해 내는 먼 세월의 묵은 정열로
깎고 문지름이
열흘 열흘

턱수염이 남발하고
돌 박힌 손가락 허리 짚고 일어나는 시간쯤
안도의 긴 호흡이 밤 사경 자명종처럼 울릴 때
또 문지름이
열흘 열흘

이름 없는 영혼을 위하여
안식 없는 인류를 위하여
지친 구도자처럼

두꺼비 눈 껌벅이며

빛바랜 셔츠에 균열 간 흙손을 훔치면
강보에서 뜨악하니
새해 아침, 일출로 얼굴 붉히고

붉은발말똥게처럼 서툰 숨 고르고 있다

---

*요한계시록 2:4에서 인용.

아빠의 소원

어버이날
딸이 불쑥 내민 편지 봉투
밤새워 펜으로 필사한 소원권

쓰잘머리 없는 종잇조각인 줄
구석으로 던져뒀는데
고래 심줄보다 질긴
황소고집을 꺾어줄 줄은

제 엄마가 나서서
악다구니 쓰고 난리 쳐도 꿈쩍 않았는데
베를린 장벽을 폭약 없이 무너뜨리는 자유,
소원권의 위력

한 장이 꼭 필요하거든
아빠 생일날
또 기대해도 돼?

공부하는 여자

출장 중에도
사내의 오기 근성이 발동되었나

여자는 귓불에 핸드폰 바짝 붙여
흐린 말로 뇌까리며
말끝마다 비비 꼬이고 있다

아침부터……

참말로 궁했나 보다
하루 정도는 빼먹을 법도 한데
폰팅이라도 해야 직성이 풀리려나

소파 모서리 걸터앉았는데
다리마저 비비 꼬이고 있다

Good Morning!

막달라 마리아

지친 음성으로 불러도 못 이기는 척
거칠어진 손 내밀어도 못 이기는 척

사랑을 빼앗겨도 당신을 감싸고
긴 여정에 소금 절인 듯한 목자를 맞이한다는 건

스치는 바람에도 무너질 듯
세족(洗足) 후 와인 따르며 연가를 부르고 싶으나
나는 천사표가 아니었다
억누르는 가슴
기도하는 가난한 사랑

가식적인 눈물이어도 차갑지 않은
청개구리의 구성진 울음 같은
저마다 눈물 한 줄기 흐르게 두어야

당신을 생각하는 정도가 아니라
자신의 손등에 대못질하는 시련 같은

저마다 십자가 한 그루 꽂아 놓아야

홰치는 새벽, 막별 하나 곤두박질치고
맨발로 한달음에 달려가곤

마리아의 음성에 당신이 흐르고
마리아의 얼굴에 당신이 흐르고

여름

좀머[*] 씨 이야기를 하나 봐요?

약국을 지나쳐 갔어요
무좀약 심부름은 안 해요
아무튼 무좀약은 싫어요
무좀 발이 아니니까요

오전 일찍 피트니스 센터 다녀와야 하고요
캣맘은 아니지만요
틈틈이 동네 급식을 나누기도 해요
카카오톡에서 선물 받은 쿠폰으로
가로수길 카페 방문했고요
귀갓길에 마트도 들렀다 왔어요
대체로 여유 있는 시간을 보냈지만요

무좀약 심부름은 못해요
말이 떨어지기가 무섭게
소름 돋게

나를 무좀 발로 바라볼 테니까요

여름 한낮의 무좀 이야기였어요

---

*파트리크 쥐스킨트 作『좀머 씨 이야기』의 좀머(Sommer)는 독일어로 '여름'이라는 뜻이다.

쇠백로

손주 놈이 팽개쳐 놓고 간 노란 장화
꽉 끼어 신었더니 벗겨지지 않는다

저녁 찬거리로 무럭무럭 자란 채소밭에
반갑다며 장화 신고 뛰어든다

목말 태우듯 뭉게구름처럼 뜬 기분이다

마루에서 꾸벅꾸벅 졸다가도
홀린 듯 첨벙첨벙 냇가로 뛰어들기도 한다

햇살에 볼짝 구웠는지 창포물로 머리 감고
혼자라서 안타까워도 노란 장화는 외롭지 않다

노란 장화 신고
수면 위로 꼬챙이 다리 내리꽂을 때마다
어리연꽃 불쑥불쑥 깨어나고

이슬비가 내리는 날에도

이슬비 맞으며 노란 별로 끔벅거리며 일어난다

나의 뮤즈에게
—시

첫인상이 무척이나 강렬했어 너무 괜찮아서 시선을 뗄 줄 몰랐지 그렇게 운명 같은 별바라기는 시작되었어 안드로메다 성 때문이었을까 영혼을 앗아간 당신에게로 성큼성큼 다가갔고 표정을 감추느라 진땀깨나 흘렸었지 열목어처럼 생각의 꼬리 흔들며 유영에 빠지고 자기의 은하에 스며들어 별로 박혔지 별이어서 별 이름을 되뇔 뿐이었는데 너의 본질은 흑장미, 암흑의 성 허물어 하늘을 열어준 게 바로 너였어 팔을 뻗을수록 멀리 달아나는 꿈이었어 마음을 추스르려 의식을 붙잡고 무중력 상황으로 치달았어 어쩌면 노래라는 것도 마찬가지인 거야 새침 떨다가도 또 하나의 우주가 잉태하고 뒹굴고 뒹굴다 텅 빈 세상의 공명으로 태어나는 것 안드로메다 눈부신 당신에게 하늘의 문, 비밀의 문을 죄다 열어젖히고 그렇게 운명 같은 별바라기는 열목어처럼 꼬리를 흔들었어 그렇게 멀고 먼 유영이 시작되었어

제4부

투병기

전세계약서 없이 조막만 한 방 한 칸 차지하기 위해 무던히도 가열하였구나! 삐딱한 생활도 죄라서 구차하니, 맨날 기울어지도록 살았었구나! 당신의 궁색한 살림살이에 병원 입구 회전문이 꿈쩍하지 않았으리라 일종의 증후군이라서 병원 주변을 기웃거려도 이력 난 사람답게 통증이 가라앉았으리라 어느 아침은 물리치료사의 선망이 나타나기도 하는데 틈새시장을 공략하기 딱 좋은 휴대용 저주파 기기의 12볼트 전압으로 비틀린 골격을 짜맞추기도 하는데 팔 결림 증상을 무시하거나 뜸해지는 달밤, 고개 넘어 달동네에 묻혀 달빛에 묻혀 살아가는 사람 사이에 고개를 못 들고 살아가는 당신, 넘어진 사람이 하늘 높은 줄 알고, 기는 사람이 바닥 소중한 줄 아는 세상 그림자에 고마워하고 모습을 드러내지 않아 야간도주라도 했나 싶으면 턱수염이 덥수룩하니, 그놈이 제 발로 주방을 순순히 빼지 않는 놈이라는 것을 깜박 잊고 두통을 앓는 부스에서 어깨를 접어 웅크리고 앉아 머리를 쥐어뜯는 진짜 이유

묻어간다는 말

묻어간다는 말은 식탁에서 파생된 자동사일까

식탁은 입맛을 홀리는 무덤이다
끼니마다 다소 빈약해 보여도 육체를
거스르는 법이 없다
문 걸어 잠그는 일 없이 곧이곧대로 묻어간다는 말이다

콩나물은 다소 예외이기는 하나
삼키는 데 무리가 없고, 소화하는 데 힘들이지도 않는다
삼킬 수 있다는 말, 한통속으로 묻어가는데 괜찮다는 말
묻어가는 일에는 갑론을박이 있을 수 없고
시시비비 없이 묻어간다는 말,
사람 냄새가 폴폴 묻어나는 맛있는 단어라서
갈비를 굽거나
봄동에 쌈장, 뭇국을 끓여놓든
충무김밥을 쌓아놓든
한 마당에 섞이고 버무릴 줄 안다
식탁은 몸과 그렇게 하나로 묻어가는 중이다

완장 찬 공무원이거나 미용사, 목회자
여행자든 행려병자든
허기진 배를 채우려 들이대나 손사래 치지 않는다
빈속을 채운 다음에는 무조건 묻어가는 법
하늘처럼 넉넉한 품이 아니어도
몸은 그대로 또 하루를 묻어가고

반색하는 몸은 끼니마다 황홀한 식탁에 묻어간다

편식 체증

법정관리 중인 중견 조선기업 고성조선소의 매각에 제동이 걸렸다. 이에 따라 매각을 통해 법정관리를 졸업하려던 계획도 발목이 잡혔다. 투자은행(IB) 업계에 따르면 지방법원 파산부는 고성조선소의 매각이 본입찰 참여 부진으로 무산됐다고 공고했다. 이에 앞서 지난달에 진행된 예비입찰에서는 몇 개 업체가 인수의향서(LOI)를 제출하면서 관심을 보인 바 있다. 하지만 이달에 열린 본입찰에서는 단 1개 업체만이 최종 참여 의사를 밝힌 것으로 알려졌다. 그나마 참여한 기업도 인수자금 조달 능력을 법원 측에 증명하지 못해 매각이 유찰됐다.*

고성조선소 600t 골리앗 크레인의 훅 블록이
말×처럼 축 늘어졌고

고성조선소 협력업체 생산직 직원의 모가지
콩나물처럼 톡 꺾였다

전기 끊은 보안등, 축 늘어진 선박 구조물이 발갛게 녹슬수록

도깨비불이 야드를 비추고

주인 잃은 작업복, 안전모 벗은 간부의 안색이 어두울수록
도둑게가 야드를 덮었다

지방법원 파산부 관계자는 "감사를 진행한 결과 고성조선소는 영업을 계속할 때 올릴 수 있는 기대수익(계속기업가치)이 청산 시 가치보다 높아 회사를 파산시키는 일은 고려하지 않고 있다"면서 "이르면 내년 초 또다시 매각을 진행하는 방안을 유력하게 검토하고 있다"고 설명했다. 이 관계자는 이어 "고성조선소를 역시 매각을 진행 중인 모기업 조선소와 함께 묶어 패키지 매각을 추진할 가능성은 낮다"고 덧붙였다. O천억 원가량의 예상 매각가도 재매각을 추진할 경우 낮아질 전망이다.*

* 《매일경제신문》 기사 인용.

요양원에 꽃은 피고

요양보호사 눈을 피하여 우유와 사탕 품에 챙겨
남자 방을 몰래 침입하는 노파
저 연세면 사랑에 지긋지긋 자지러질 법도 한데
영감의 사랑이 못내 아쉬웠는지 두터웠는지
팔십 평생 머리에 꽂혀 잠입에 성공하고
감쪽같이 몰래 숨어들긴 했지만
비밀 없는 애정 놀이가 되고 말았다
요양원의 엄격한 규율은 무시하고서라도
원장이 팔 걷어붙이고
아들에게 일러바치겠다는 으름장에도 막무가내다
머리도 가슴도 스물에 딱 멈춰 있어서
말린다고 잠잠해질 청춘도 아니다
옆방 할아버지를 애인으로 착각하는지 모를 일이지만
결말의 순수한 사랑을 어찌 탓하랴
한낱 구경거리로 치부할 수 없는 눈물겨운 사투에
할아버진 대놓고 한술 더 뜬다
—내버려 두고 더블 침대나 마련해줘요
끙끙대며 못다 한 사랑 모조리 피우고

여한 없이 숨을 길게 몰아쉬고
노파는 끝내 종점에 닿았다

아름다운 문자

보셔요,
며칠 나기 힘들 것 같아 인사드리려고요

십여 년 전 교통사고로 입은 투병으로도 모자랐는지
간병인 언니와의 불편한 동거조차 호사로 여겼는지
시험관 아기 반복 시술로도 안겨주지 않던
텅 빈 자궁 속에 검은 조류 드리웠을 적엔
식은땀 쏟아내며 혼미하여도
전신욕 하듯 편안했더랍니다
흠집 난 백 항아리 내리치고 부서지는 가슴을 쓸어내려도
깔깔대며 함께 시간 빚었던 당신
곁에 두어서 다행이라면 참 다행이었어요
물댄동산 거닐며 행복에 겨운 시간도 짧지만 않았어요
새 생명 잉태 같은 기쁜 소식 전해드려도 부족할 판에
"카톡!"
알람 소리 울릴 때쯤
홀가분히 털고 일어나 조각달에 몸담고 있을걸요

못난 아내였어요

저기, 우리 영기 씨 부탁해요

MZ세대

잠이 많은 공주는 미인이라는데
딸은 줄곧 늦잠을 잘도 잔다
깨우지 않으면 해가 중천을 넘긴다
해는 중천에 떴어도 침대에서 내려올 줄 모른다

기척 없이 닫혀 있는 공주 방을 기웃대다가
스쳐 지나가는 잡학을 붙들고선
커튼은 주름이 잡혀 있냐에 따라서 한결 예스러움이 더하고
여자를 위한 액세서리라는 걸 오늘에 와서야 깨닫는다

커튼은 주름이 품격을 자아내고
공주의 방은 달라도 너무 기묘하다는 거
리넨 속지에 주름진 분홍빛 커튼이 찰랑거릴 때는
잠자는 공주의 잠버릇마저 사랑스러워진다는 거

커튼 사이로 비집고 들어오는 햇볕이 부서져 내려
눈을 붙이고는 더는 견딜 수 없는 정오
단잠을 잔 듯 세상 다 얻은 흡족한 얼굴로

선크림 대충 찍어 바르고 총총 카페로 간다

공주의 식습관 취향은 어른과 한참 다르긴 하지
찰랑거리는 주름치마가 백조의 발을 닮아
어디로 튈 줄 모르는 공주
상큼 발랄하여서 더는 당해낼 재간이 없다

주홍 글씨

남자라는 속성의 이름을 가진 근육질의 혀
저마다 뭉그대거나 도려내야 하는 입술이 있습니다

목젖에 걸린 선악과 마술처럼 튕겨 나간들,
어긋난 문장들이 줄줄이 꿰어질까 봐
마사토보다 단단한 자갈밭 고랑을
회칠하는 두더지처럼 변명으로 들쑤시더니만
빈 호주머니처럼 영혼마저 탈탈 털리고
그림자 짙게 드리운 올무에 벗어나지 못합니다

기억 속의 멍울을 지워내고파
가슴속 흔적을 도려내고파
온몸 사르고 남은 한 줌의 재까지
끓어오르는 용광로에 다시 흩뿌리렵니다

눈엣가시처럼 뻐아픈 후회,
입안에 성난 혓바늘로 밤낮을 괴로워하며
다하지 못하고 남은 생명까지 부끄럽게 살겠습니다

붉은 사슬을 두르고 살아가는 초롱아귀로 살겠습니다

촌병(寸兵)의 언어로 살겠습니다

쫓는 자와 쫓기는 자

너희는 독립투사나 일본 순사가 아니다

그런 위인도 못되느니라

필시 너희들은 전생에 부부 아니면 쥐와 고양이다

고양이를 시험 들게 하지 마라

고양이는 고양이로 살아갈 따름이고

알량한 모이 급식으로 구경거리 삼으면 쓰겠느냐

고양이를 두고서 서로 눈치 보지 마라

악연 관계가 되면 쓰겠느냐

그 사람들의 업보이거니 하고 살아야지

길고양이에게 모이 준다고 나쁠 것이 없고

모이 주는 걸 방해한다고 미워하지도 마라

쫓는 자와 쫓기는 자,

당당하라, 도둑이 아니지 않느냐

둘 중 하나는 지옥 가고 천국 간다

살아가는 기술
—고양이의 사생활

배회한다는 말은
종착역이 기다린다는 궤도 없는 도시의 정류장 같은 거

장돌뱅이는 맹추위가 살상 무기
일당을 전전하며 달리는
차체 하부(下部) 진흙탕이 달라붙은 푸드트럭
천길만길 가리지 않고 주검으로 폭주하는 타이어 같은 거

신작로에서 밀려나 조용히 나앉은 포장마차의 주인장처럼
뒷골목을 전전하다 그대로 눌러앉으면

똘똘 감은 가마니에 곰팡이꽃 피듯
쉰내 폴폴 날리는 울음 가락
주린 배 움켜쥐고

골목길 헤집는다며 쫄래쫄래 꽁무니 뒤쫓는
할머니의 굽은 등짝 같은 음식물 분리 용기
눈앞에 버젓이 앉아 있는데

펑펑 쏟아지는 함박눈 속에서
종량제 봉투 쥐어짠다

작명소
—고양이의 사생활

지구상에서 가장 빼어난 문명다운 흔적,

이 사람아!

사람에게 거침없이 대하는 건 괜찮은데
반려묘를 고양이라고 호칭하면
종 차별 같아서
수심이라 부르는 얼굴은
꽃물, 손바닥만 한 버짐이 튼다

우리 집에는
반려묘 없는 구름이 떠다닌다
아이 없는 물댄동산이다

하늘에 덧대어 놓은 구름이라고
맨날 먹구름만 드리우는가
햇빛 샤워 즐길 줄 알고
바람 빠진 집안 공기 뒤집을 줄 알고

혼자서도 제가 신나서 호들갑 떨 줄 안다

인간식 발음이 서툴고
딱 부러진 의사표시 서툴러도 감정조차 어렵지 않다
눈치조차 모르지 않다
침묵 가운데 우리의 교감 통로는 늘 눈빛이다
무뎌진 손톱이다

골판지 후비듯 시절 후비는 천체의 흔적

구름아!

도망자
—고양이의 사생활

나는 어미의 태중에서부터 도망자였느니라

도망자의 명함을 찍었고
도망하고 다녔으므로 나의 미래가 석연치 않았다
경계를 소홀히 하는 법 더더구나 없었다

갇힌다는 말보다 두려운 것은 없고
나귀가 바늘귀로 통과하는 것보다 괴로움이 컸다

태초부터 도망자의 혈족이었으므로
아버지가 도망자였었고
무리를 지으며 유랑하였고
정착지 없는 유전인자를 모면할 묘수가 떠오르지 않았다

산후조리원 근처 스티로폼 상자에서
구경거리 신세로 전락, 겁탈의 손 내밀어 와도
달아나지 못하는 이유는
젖을 물리는 혹부리가 딸려 있어서

파출소 순경은 유치장을 급조해서
동정을 살피지만, 탈출구가 많았다
분명한 건 시간을 내다볼 줄 알고
팽팽한 힘겨루기로 눈치 싸움을 할 수 있는 점이다

호시탐탐 달밤을 엿보다가도 유치장에 적응한다는 것이다

식구가 늘었다
—고양이의 사생활

가로수길을 오가며 눈인사 나눌 정도로 정들었는데
돌연히 그녀가 모습을 감추었다

길 끝 벤치는 그 여자의 지정석
가까이 다가가거나 옆을 지나가면 미소도 아끼지 않았건만
갑자기 보이질 않으니, 궁금증이 한층 더했다

보쌈으로 업혀 갔나
놈팡이 만나 이웃의 반지하 월세방으로 거처를 옮겼나
온갖 추측성 유언비어가 난무하지만
얼굴을 비추거나 소식을 알 길 없었다

문득 여운이 짙게 남은 어느 날
뒷모습이 낯익은 여자가 눈에 띄었으나 확신하지 못했는데
깜짝 놀랄 일이 벌어지고 말았다

유모차를 끌고 나온 것이다
주위에 눈길 한번 주지 않고

유모차에 눈 떼지 않고 나들이 나온 것이다

파리한 낯빛은 온데간데없고
미려한 낯빛에 이만저만 반가운 것이 아니었다

너희만 입이냐며 딸린 자식 먹이고 입히기 위해
오늘부로 길 나서기로 작정한 듯 다부져 보였다

급식소
—고양이의 사생활

등산로 입구에는 도토리 저금통이 있습니다

달랑 한 톨이어도 모나지 않게
저 자신을 낮추어
던져 넣는
자신

당신이 빠질 수밖에 없는 이유가 있습니다

비록 내일이 묻힐지라도
드러나지 않고
차례차례
애찬

해설

성찰하고 질문하는 휴머니스트

정병근(시인)

오, 빵빵한 가을이에요.

다시는 이스트 빵으로 돌아오지 말자.

—시인의 말

구판우의 시는 성찰적 사유를 통한 따뜻한 인간애를 바탕으로 하고 있다. 일상과 사람살이에 대한 애정 어린 시선이 시집 전체에 흐른다. 인간에 대한 폭넓은 관심과 인생 체험을 통해 체득한 깨달음들을 발화하면서 가파르게 각을 세우지 않고 품어 안는 태도를 보이는 데서 시인의 따뜻한 인품이 묻어난다. 구판우 시인은 세상살이에 상처 입은 사람들을 보듬고 위로하는 휴머니스트의 면모를 보인다. 시인 자신도 그런 부조리에 매몰되어 살아가는 한 사람임을 부인하지 않는다.

구판우가 '시인의 말'에서 밝힌 "빵빵한 가을"은 생동하는 자연일 것이다. 시인은 부푼 "이스트 빵" 같은 현재의 삶을 성찰하고 있다. 주어진 자연의 몸과 감각으로 살아가겠다는 다짐이 보인다. 성찰은 자신의 마음을 돌아보며 반성하고 살핀다는 뜻이다. 초식동물은 먹은 것을 되새기지만 인간은 삶의 많은 부분을 되새기고 성찰하면서 거듭난다. 데카르트가 말한 '나는 생각한다, 고로 존재한다'의 '나' 또한 성찰하는 주체를 의미한다. 인생은 성찰하면서 현재의 삶에 질문을 던지고 그 물음에 스스로 답을 찾아가는 과정이라 생각한다. 시도 그러한 여정에 다름 아닐 것이다.

이번 시집에는 주변 인물을 관찰하고 묘사한 시편들이 눈에 띈다. 그중에서 '어린 왕자'의 내용을 패러디하고 비판하는 시편들이 관심을 끈다. 이는 그가 휴머니스트이면서 리얼리즘적인 현실관을 지향하고 있음을 보여준다. 저마다의 사연을 안고 살아가는 이웃과 지인들의 모습을 통해 그들을 지지하고 그들과 함께 호흡하고자 하는 시인의 인간애를 엿볼 수 있다.

> '어린 왕자는 죽었다'
>
> 딱히 무리수를 둬서라도 쓰러지는 까닭을 밝히면 열기구 말고도 뱀을 선택한 동기가 매우 불순하다
>
> 외톨 콤플렉스의 오래오래 고독감 때문인 줄 모르지 왜 있잖아, 두 번째 별의 허풍쟁이같이 왕자라고 저도 모르게 으스대며 젠체했을 수도

밤은 교활했다
사막의 동식물들은 모두 치명적이다 누구 하나도 비껴
가질 못한다 어린 왕자도 예외는 아니다

무장 돌아오지 않는 사자를 기다리는 건 모래사막에서
오아시스를 그리는 짓이나 마찬가지지
한 번쯤 신기루에 홀린 순례자라면 크게 와 닿겠지

어린 왕자를 목이 빠지게 기다리고
지구의 귀환을 자신하는 눈살 찌푸리는 언동으로 인해
시인의 추리 정도로만 단정해 버리거든
어느 언덕에 잠들어 있는 노란 뱀을 불러내거나
머리 위의 아기별을 찾아서 그 지점을 가늠할 수도

붉은 새의 군무만 저녁 하늘을 덮고 있었다
—「아기별로 돌아가서 장미꽃 곁을 지킬지라도」 부분

이 시는 '어린 왕자'를 주제로 삼고 있다. 생텍쥐페리의 동화 『어린 왕자』는 서로에게 길드는 관계 맺기의 소중함과 동심 회복을 촉구하는 메시지를 담고 있다. 어린 왕자는 어느 날 자신의 행성을 떠나 여러 행성을 떠돌다가 지구의 사막에 와서 뱀과 불시착한 조종사와 여우를 만나 대화를 나누고 결국 처음 만난 뱀에게 스스로 물려 죽음으로써 다시 자신의 행성으로 돌아간다는 스토리이다. "어린 왕자는 죽었다" 시인은 어린 왕자가 자신의 별로 돌아간 것이 아니라 죽었다는 것에 방점을 찍는다. "뱀을 선택한 동기가 매우 불순하다"라는 표현을 보면 『어린 왕자』를 쓴 작가의 허점을 꼬집는 것 같기도 하다. "두 번째 별의 허풍쟁이"처럼 어린 왕자 자신도 왕자라고 으스대고 싶었지 않을까 하는 의구심을 품는다. 시인은 이 시를 통해 무엇을 비판하고 싶은 것일까. "어린 왕자를 목이 빠지게 기다리는" 사람들일까? 어린 왕자의 귀환을 부추기는 세속의 호사가들일까? 문제의 본질은 어린 왕자의 귀환이 아니라 "머리 위의 아기별"을 쳐다보는 마음이 중요하다는 점을 깨우쳐주고 싶은 것이다. 똑같이 '어린 왕자'를 주제로 삼은 다른 작품 「어린 왕자의 귀환」에서는 한 발 더 나아가는 상상력을 보여준다. 원래의 스토리에 현실(리얼리즘) 논리를 씌워서 변형하거나 패러디하는 의지를 드러내 보이기도 한다.

이처럼 생텍쥐페리의 『어린 왕자』에서 보여주는, 아이들은 순수하고 어른들은 나쁘다는 식의 이분법적 가치관은 현실에서 수용하기 어렵다. 또한 서로 길들이고 길드는 이상적인 관계 맺기도 이루기 어렵다는 점은 누구나 알고 있다. 그만큼 현실은 중층적이고 복잡하다. 이때 구판우 시인은 '왕자'라는 단어에 주목한다. 그러니까 어린 왕자가 다시 돌아온다는 것은 왕조시대의 독재자가 부활하는 것과 같으며 왕자의 지위를 유지하기 위해서는 다른 사람의 엄청난 희생이 뒷받침되어야 함을 경고하고 있다. 조난 비행사가 왕자에게 만들어 준 '양을 가두어두는 상자'도 의심되고 왕자와 여우 사이에 쌓은 신뢰도 무너지고 '장미꽃'에게 보인 호의도 결국 장미를 차지하기 위한 전쟁으로 이어질 것임을 예견한다. 이런 모든 것들이 '어린 왕자'와는 너무나 동떨어진 현실이므로 시인은 "꼴랑 꼴랑/이처럼 우스꽝스럽긴 처음이야"(「어린 왕자의 귀환」)라며 야지를 놓는다.

자태 그대로는 뽐낼 수 없는 것이 꽃이다
재촉하여 피어나는 꽃이 아니라는 것이다

환호 속에 피고 지는 꽃으로 타고난 운명인데
혼자서 피고 혼자 지는 꽃은 얼마나 외로운가

입을 꽉 깨물고 숨 참다가
노크할 때야 비로소 벙근다

벙근다는 말은
꿈틀대고 있다는 말이다, 참 어울린다는 말이다

봉긋한 가슴으로 두근두근 두근거리다가
콩닥콩닥 뛰다가도
몽땅 내어줄 만큼 한방 빵 터뜨려 주기 때문이다

향기로운 꽃이라기보다 노크하는 사람이 향긋한 것이
다
거침없는 착한 감탄사 확 뱉어내기 때문이다

바라보다가 갈라치기라도 하는 날엔
그새를 못 참아 풀이 죽고
고개 떨구며 한 편의 정물화가 되고 마는데

철 따라 바람 따라 알아서 꽃 피우는 줄 알겠지만
어쩔 줄 몰라 마음만 졸이다가
꽃의 미학에 진심인 사람으로 하여
피우지 못한 마른자리마다 이슬로도 박히는 것이다

—「꽃의 성향 2」 전문

꽃의 진심은 무엇일까. 꽃의 모양과 색깔과 향기는 밖의 대상을 향해 있다. 꽃은 자신을 바라보는 대상이 없으면 존재 의미가 없다. 꽃 혼자서는 아름다움도 무의미한 것이다. 꽃은 벌이든 나비든 사람이든 누군가가 와서 접촉해 주기를 원한다. 그게 꽃의 본능이며 운명이다. 꽃은 누군가와 관계 맺기를 원한다. 이 시에서 꽃은 '여성'으로 은유되어 있다. 아마 『어린 왕자』에 나오는 '장미꽃'에서 시적 모티브를 얻었을 법하다. 꽃을 여성으로 비유하여 대상화하는 것은 요즘 페미니즘 정서에는 맞지 않은 부분이 있지만 인간 역시 자연물의 하나이니까 꽃의 성향을 여성의 성향으로 보편화할 수 있다. "입을 꽉 깨물고 숨 참다가/노크할 때야 비로소 벙근다"라든지 "봉긋한 가슴으로 두근두근 두근거리다가/콩닥콩닥 뛰다가도/몽땅 내어줄 만큼 한방 빵 터뜨려 주기 때문이다"라는 표현들은 남녀의 성애 장면을 연상시킨다. "향기로운 꽃이라기보다 노크하는 사람이 향긋한 것이다" 꽃이 스스로 향기로운 것이 아니라 상대가 향기롭다고 느껴서 향기로운 꽃이 되는 것이다. 시인의 이런 통찰은 남녀 간의 조화로운 상호작용을 의미한다. 꽃은 때가 되면 그저 피었다가 지는 것이 아니라 상대를 기다리는 간절한 마음이 꽃을 피우게 하는 원동력이라는 생각이 담겨 있다. "꽃의 미학에 진심인 사람으로 하여/피우지 못한 마른자리마다 이슬로도 박히는 것이다"라는 마지막 구절은 사랑을 이루지 못하고 피었다가 져버린 꽃을 안타까워한다. 이성을 지나치게 경계하고 배척하는 요즘 세태를 비판하면서 조화로운 남녀관계의 회복을 촉구하고 있다. "꽃의 미학에 진심인 사람"은 꽃 자체의 아름다움만 바라보고 찬미하는 예술지상주의자(미학주의자)를 가리키는 듯하다. 독

수공방으로 쓸쓸히 시들어가는 여자의 삶을 떠올리게 한다.

인기척에 놀라
연못으로 퐁짝 뛰어든 개구리
동심원을 그리는 오후

별 하나
하얀 보자기에 떨어졌다

영광이 꽃 하나만큼 훌륭하지 못하고
헛되고 헛되다는 말,
그것은 솔로몬 자신의 인생관이라

명제가 틀렸다

마침표 대신 물음표 찍혔다

—「회고록—생각하는 갈대」 전문

파스칼이 말한 '인간은 생각하는 갈대'라는 명제는 시시때때로 흔들리는 인간의 나약한 마음을 표현한 것이다. 그의 명제는 (신에게 귀속되지 않는) 인간의 자유의지를 추구하는 서양의 근현대 철학에 많은 영향을 미쳤다. 이 시는 비교적 짧은 형식으로 이뤄져 있지만 그래서 더 매력적으로 다가온다. 개구리 한 마리가 연못으로 떨어지고 시인은 개구리가 일으킨 파문을 지켜보고 있다. 고요한 관조의 시간이다. 문득 시인은 '별 하나가 하얀 보자기에 떨어지는' 이미지를 떠올리며 자신의 인생 전체를 통찰한다. 자신의 전(全) 존재를 '하얀 보자기에 떨어진 별'로 축약할 수 있다니! 시적 순간은 이처럼 우연히 갑자기 찾아온다. "영광이 꽃 하나만큼 훌륭하지 못하고/헛되고 헛되다는" 솔로몬의 탄식 어린 말을 떠올리며 "명제가 잘못되었다"라고 항변하고 싶은 심정이 된다. 지금까지 '인생은 헛되고 헛되다'라는 말을 어느 정도 수긍하면서 살아왔다고 생각했는데 다시 되돌아보니 물음표가 더 많은 인생을 살아온 자신을 깨닫는다. 뭔가 미진하게 살아온 것 같은 느낌을 받는다. 시인은 짐짓 '헛되지 않았다'고 자신의 삶을 옹호하고 싶지만 "마침표 대신 물음표 찍혔다"는 확신적 서술로 봐서 시인은 이미 살아버린 자신의 삶을 받아들이지 않을 수 없는 어정쩡한 상황을 탐탁지 않게 여기는 듯하다. 긍정적인 '마침표'가 되면 좋겠지만 부정적인 '물음표'로 가득한 삶을 살아왔음을 어쩔 수 없이 인정하는 이중 감정에 빠져 있는 듯하다. 이 대목에서 시인의 태도가 모호한 점이 아쉽다. 마침표가 좋다는 건지 물음표가 좋다는 건지 알 수 없다. 인생은 완결이 아니라 미완이라는 점을 말하고 싶은 것인지도 모르겠다. 원죄처럼 따라다니는 자책과 상투적인 반성으로 얼룩진 회고록을 쓰지 않겠다는 다짐으로도 읽힌다.

길 가다가 딱 멈추어 서는 건
작은 돌개바람이 일었기 때문인데

귀가 후 서재에서 다시 회오리치고
미소 머금다 말고
바람을 다독다독 다독거린다

산기슭에 옹달샘이 솟고
산새들 드나들며 목 축이는 걸
살짝 훔쳐보노라니

눈물은 메말라도
쉬 눈 붙이지 못하는 신(神)께
다가가서 안길 수 있으리라

—「소소한 행복」 전문

인용 시는 위의 시 「회고록」과 비슷한 형식과 경로를 보인다. 제목의 '소소한 행복'은 에피쿠로스적 '쾌락'이나 무라카미 하루키식 '소확행' 정도로 읽힌다. 그것이 좋다는 건지 나쁘다는 건지 불투명한 부분이 있지만, 어쩔 수 없이 '소소한 행복'을 취할 수밖에 없는 자신의 처지를 드러내고 있다고 보는 쪽이 더 맞을 듯하다. 「회고록」에서 개구리가 일으킨 파문이 시적 순간을 불러오는 매개 역할을 했다면, 이 시에서는 "작은 돌개바람"이 그 역할을 하고 있다. 길을 가다가 멈추는 행위는 삶의 관성을 멈추는 순간이며 반성적 성찰의 계기를 마련한다. 길을 가다가 만난 "돌개바람"과 서재에 치는 "회오리"는 각성을 촉구하는 매개물이며 '이렇게 살지 말라'고 나무라는 내면의 목소리에 가깝다. 시인은 이런 목소리에 부합하며 살고 싶지만 그러지 못하고 다독이며 참고 살아가야 하는 자신의 처지를 옹호해야 하는 이중적 감정을 보인다. 독자의 입장에서는 보다 분명한 시인의 태도가 아쉽지만 사람의 마음이라는 것이 두부 자르듯 할 수 없는 부분이 있는 것이다. 시인은 소심하고 착한 마음으로 옹달샘에 목 축이는 산새들을 훔쳐보면서 최후의 순간이 왔을 때 신의 품에 귀의하리라는 소망을 가져본다.

점심 지나고 꽤 이른 시간인데 한 사내가 카페에서 나른한 오후에 빠진다 오후가 졸고 있는 사이 한 사내의 오후를 엿보려고나 하는 듯이 빈자리 하나 비집고 들어가는 사내도 이내 나른한 오후에 빠진다 경주하듯이 사내들은 카페를 드나들지만, 팔짱을 끼고서 생각에 잠겨 있는 사내는 불편하다 물 먹는 하마처럼 나른한 오후를 빨아들이는 사

내는 화장실을 가리키다 말고 길옆 카페로 자리를 옮긴다
한 사내의 오후를 엿보려고나 하는 듯이 빈자리 하나 헤집
고 들어오는 사내도 이내 무료한 오후에 빠지고 눈을 감고
있는 사내는 불편하다 경주하듯이 사내들은 카페를 드나
든다 아메리카노 한 모금 들이켜고 본의 아니게 오후를 훔
쳐보는데 오후의 맥락이 매번 다르지 않다 가로수길에는
골판지를 잔뜩 쌓은 노인의 유모차가 숨을 헐떡이고 있다
풀숲에 던져놓은 맨밥 한 덩이로 끼니를 때우는 고양이가
연신 눈치를 본다 한여름에도 겨울 점퍼를 걸치고 천변을
오가는 젊은 처자가 있다는 석간신문의 머리기사가 카페
로 재빠르게 타전되고 있다

—「나른한 오후」 전문

이 시는 '실존과 권태'라는 실존주의 범주에서 읽힌다. 그 자리에 있어야 할 필연성도 없이 던져진 존재(타자)들이 무료하게 견디고 있는 오후의 카페 풍경을 정밀하게 묘사하고 있다. 새로울 것도 없고 생동하는 활기도 없는 두 사내의 모습은 마치 한 편의 부조리극을 보는 듯 불편하다. "팔짱을 끼고서 생각에 잠겨 있는 사내는 불편하다" "눈을 감고 있는 사내는 불편하다"에서 보듯 훔쳐보는 타자의 시선을 의식하고 견디는 일은 불편하기 짝이 없는 일이다. 그럼에도 "경주하듯이 사내들은 카페를 드나든다." 왜 사내들은 불편함을 무릅쓰고 카페

를 드나들까. "겨울 점퍼를 걸치고 천변을 오가는 젊은 처자가 있다는 석간신문의 머리기사가 카페로 재빠르게 타전되고 있다"는 마지막 구절에서 힌트를 얻자면, 한 젊은 여자가 지나가는 것을 볼 수 있기 때문이다. 여자는 매일 그 시간이면 카페 앞 가로수길을 지나가는 듯하다. 그 멋진 전망을 위해 두 사내는 경쟁을 하고 있는 것이다. 슬그머니 웃음이 나는 대목이다. 어쩌면 그 여자는 나타나지 않을 수도 있다. 그렇지만 두 사내는 마치 '고도를 기다리는 사람들'처럼 그 시간이 되면 카페에 와서 죽치고 있다. 그런 내막을 모르는 카페 주인은 두 사내를 어떻게 생각할까. 유모차를 끌고 가는 노인이나 젊은 처자는 두 사내의 시선을 알기나 할까. 여러 가지 생각을 해보게 되는 시이다. 사실 따지고 보면 두 사내나 할머니나 처자나 모두 아무런 필연성이 없는 개별 존재(타자)들인 것이다.

보셔요,
며칠 나기 힘들 것 같아 인사드리려고요

십여 년 전 교통사고로 입은 투병으로도 모자랐는지
간병인 언니와의 불편한 동거조차 호사로 여겼는지
시험관 아기 반복 시술로도 안겨주지 않던
텅 빈 자궁 속에 검은 조류 드리웠을 적엔
식은땀 쏟아내며 혼미하여도

전신욕 하듯 편안했더랍니다
흠집 난 백 항아리 내리치고 부서지는 가슴을 쓸어내려
도
깔깔대며 함께 시간 빚었던 당신
곁에 두어서 다행이라면 참 다행이었어요
물댄동산 거닐며 행복에 겨운 시간도 짧지만 않았어요
새 생명 잉태 같은 기쁜 소식 전해드려도 부족할 판에
"카톡!"
알람 소리 울릴 때쯤
훌가분히 털고 일어나 조각달에 몸담고 있을걸요

못난 아내였어요
저기, 우리 영기 씨 부탁해요

—「아름다운 문자」 전문

휴대폰과 컴퓨터를 통한 SNS 활동이 보편화되면서 사회적 관계망도 훨씬 넓어졌다. 이제 웬만한 대화는 문자로 소통한다. 경조사도 문자로 주고받는 시대가 되었다. 죽음을 앞둔 사람의 문자는 각별한 데가 있다. 그 사람이 죽은 후에도 문자는 남아 있기 때문이다. 위의 시는 죽은 사람의 문자를 다시 보면서 슬픔에 잠기는 내용이다. 아마도 각별히 사랑한 사이였던 것 같다. 도덕적인 잣대를 갖다 대는 것은 부질없고 무의미하다. "보셔요,/며칠 나기 힘들 것 같아 인사드리려고요"라는 첫 구절을 보는 순간 눈물이 울컥 쏟아진다. 죽음을 앞둔 여자로부터 문자를 받고 울지 않을 남자가 있을까. "십여 년 전 교통사고로 입은 투병으로도 모자랐는지/간병인 언니와의 불편한 동거조차 호사로 여겼는지" 그것도 모자라서 또 암에 걸린 고인의 기구한 운명을 생각하면 마음이 미어진다. "깔깔대며 함께 시간 빚었던 당신/곁에 두어서 다행이라면 참 다행이었어요/물댄동산 거닐며 행복에 겨운 시간도 짧지만 않았어요"라고 고백하는 고인의 마음은 어떨까. ""카톡!"/알람 소리 울릴 때쯤/홀가분히 털고 일어나 조각달에 몸담고 있을 걸요"라는 구절에 이르면 참았던 울음이 터지고 만다. 그러니까, 고인은 죽음이 임박한 시간에 사력을 다해 사랑하는 남자에게 문자를 보내고 있는 것이다. 이 시를 읽으면, 남편의 죽음을 안타까워하는 마음을 적어 무덤 속에 넣은 '원이 아버지 보세요'라는 서간이 생각난다. 어쩌면 그것보다 더 슬픈 사연이라는 생각이 든다. 슬픈 문자는 그래서 더 아름답게 반짝인다. 시인이 흘리는 눈물처럼.

묻어간다는 말은 식탁에서 파생된 자동사일까

식탁은 입맛을 홀리는 무덤이다
끼니마다 다소 빈약해 보여도 육체를

거스르는 법이 없다
문 걸어 잠그는 일 없이 곧이곧대로 묻어간다는 말이다

콩나물은 다소 예외이기는 하나
삼키는 데 무리가 없고, 소화하는 데 힘들이지도 않는다
삼킬 수 있다는 말, 한통속으로 묻어가는데 괜찮다는 말
묻어가는 일에는 갑론을박이 있을 수 없고
시시비비 없이 묻어간다는 말,
사람 냄새가 폴폴 묻어나는 맛있는 단어라서
갈비를 굽거나
봄동에 쌈장, 뭇국을 끓여놓든
충무김밥을 쌓아놓든
한 마당에 섞이고 버무릴 줄 안다
식탁은 몸과 그렇게 하나로 묻어가는 중이다

완장 찬 공무원이거나 미용사, 목회자
여행자든 행려병자든
허기진 배를 채우러 들이대나 손사래 치지 않는다
빈속을 채운 다음에는 무조건 묻어가는 법
하늘처럼 넉넉한 품이 아니어도
몸은 그대로 또 하루를 묻어가고

반색하는 몸은 끼니마다 황홀한 식탁에 묻어간다

—「묻어간다는 말」 전문

인용 시는 구판우 시인의 시적 정체성을 가장 잘 드러내는 작품이다. 생존을 지탱해주는 '식탁'의 상징을 통해 화합을 지향하는 휴머니스트로서의 면모를 잘 보여준다. '묻어간다'는 말은 얼핏 들으면 비겁한 사람의 행동을 지적하는 부정적인 뉘앙스를 주지만 시인은 그것을 역으로 한 번 더 돌려서 독자에게 제시한다. 단번에 주목을 끄는 역설적 수사법이라고 할 수 있다. "식탁은 입맛을 홀리는 무덤이다/끼니마다 다소 빈약해 보여도 육체를/거스르는 법이 없다/문 걸어 잠그는 일 없이 곧이곧대로 묻어간다는 말이다" 식탁을 '무덤'이라고 표현하는 시적 통찰이 아름답다. 식탁은 식사를 도와주는 도구이지만 죽을 때까지 우리의 생존을 둥글게 품어주는 장소이기도 하므로 무덤과 같은 것이다. 우리는 각각 다른 환경에서 다른 근심과 다른 사연들을 만들며 살아가지만 식사를 할 때만큼은 '먹는다'는 인류 공통의 시간을 보낸다. 먹지 않는 사람은 없으므로 식사를 할 때는 차별이 없다. 문을 활짝 열고, 소외된 사람 없이 모두가 골고루 잘 먹기를 기원한다. 식탁에 둘러앉아 밥을 먹을 때 대동 세상이 실현된다. 함께 식사를 하면서 한통속이 되어 묻어가는 것이다. 식탁에 앉아 있는 시간만큼은 아무도 따지지 않는다. "시시비비 없이 묻어간다는 말,/사람 냄새가 폴폴 묻어나는 맛있는 단어"라서 시인은 묻어간다는 말이 새삼 좋은 것이다. 구판우 시인은 사람들을 모이게 하고 온갖 음식을 버무리고 먹게 해주는 식탁 같은 넉넉한 존재가 되고자 한다. 식사하는 사람들 틈에 끼어서 자신도 묻어가면서 식사를 할 수 있게 해준 모든 사람들에게 감사하는 마음을 갖는다. 이 시집이 그렇다.

문학의전당 시인선 373

청소부 나라의 별

초판 1쇄 인쇄 2023년 11월 9일
초판 1쇄 발행 2023년 11월 16일
지은이 구판우
펴낸이 고영
디자인 헤이존
펴낸곳 문학의전당
출판등록 제448-251002012000043호
주소 충북 단양군 적성면 도곡파랑로 178
전화 043-421-1977
전자우편 sbpoem@naver.com

ISBN 979-11-5896-622-5 03810

*이 시집은 2023년 경남문화예술진흥원의 문화예술지원을 보조받아 제작되었습니다.